부메랑 사랑

다정 박 영 화 시집

홍 익 출 판 사

시집을 펴내며

제가 늦깎이 등단을 하고
육순이 너머 늦게 시집
"부메랑 사랑"을 세상에 내놓게 되니
기쁨에 앞서 부끄러움이 앞섭니다.

이런저런 아픔을 겪던
지난날 우연히 마주한 시집 한 권이
나에게 감동의 울림이 되어
젊은 시절 염원했던 문학의 꿈을 찾아
시인의 길에 들어섰지만
시인의 길은 제 역량으론
멀고도 먼 길이었습니다.

그러나 보잘것없는 글에 열렬한 성원과
격려를 아끼지 않는 가족과
주위 분들의 든든한 지지와 용기에 힘입어
힘들면 힘든 대로 행복하면 행복한 대로
한 편 한 편 써왔던 글들로
조심스럽고 떨리는 마음으로
시집 "부메랑 사랑"을 내놓게 되었습니다.

깊이 있는 글은 아니지만
한결같은 애정과 배려로 이끌어 주신
선생님들과 문우들께 깊이 감사드리며
언제나 푸른 마음을 갖고
문학 활동에 정진하려 합니다.

기쁨은 함께하면 배가 되고
슬픔은 함께하면 반으로 준다지요.
나의 시편을 만나는 모든 독자분과
기쁨을 함께 나누고 싶습니다.
앞으로 많이 아끼고 사랑해 주세요.

2015년 3월
다정 박 영 화

차례

제1부 가을 타는 여자

제2부 내 마음에 내리는 비

제3부 사랑 때문에 울지 않으리

제4부 참 좋은 사람을 만났습니다

제5부 너무나 소중한 인연

제6부 어머니

제1부

가을 타는 여자

가을 타는 여자

낭만과 사색의 계절
눈이 시리도록 아름다운 계절
문득 그리움의 갈피에
숨겨둔 이름 하나가
가을의 길목에서 애상에 젖게 한다

너무나 순수해서
곱게 채색하지 못한 사랑
그래서 더욱 애달픈 사랑
고운 열병을 앓았던 사랑
그러나 거부할 수밖에 없었던 사랑

애써 태연한 척 살아온 세월
세월의 흐름 만큼
그리움의 농도가 희석될 만도 한데
빛바랜 추억 속 그리움 피어나면
청명한 가을 하늘에 내 마음을
뭉게구름으로 수놓고 싶다

한 번쯤은 보고 싶다고...

신바람 난 나목들

무성했던 나뭇잎
떠나보내고
봄을 기다리는
처절한 몸부림인가

엄동설한 찬바람에
소리 내어 통곡하던
발가벗은 나목들

머잖아 찾아올 봄 날
물오른 가지에
연푸른 봄 향기
피워내기 위하여

땅 밑으로 흐르는
봄의 기척에
물 만난 고기처럼
용트림한다

산정무한

싱그러운 초록 잎이
바람과 정분 나
기쁨의 춤을 추는 산 녘

척박한 곳 자리 틀고
뿌리내린 들꽃도
불평 없이 곱게 피어
환한 미소로 우릴 반기는 곳

계곡의 물소리는
탁해진 내 마음 정화 시켜주고

망중한을 즐길 때
솔솔 부는 산바람은 잠시나마
복잡한 세상사를 잊게 하는 곳

이렇게 푸른 날
산새들의 청량한 재잘거림에
신선이 된 듯 맑아진 마음

이것이 바로
산정무한이겠지

산

내 영혼이 고독하면 산으로 가자
이름 모를 꽃들이 미소 짓고
이름 모를 새들이 나를 반기는 산으로

내 마음이 외로워도 산으로 가자
드높은 하늘도 두 팔 벌려 안아 보고
흘러가는 구름과도 벗 해보고
나를 반기는 산바람도 품어보자

산은 언제나 그 자리에서
언제나 변함없이 나를 반기는데
부질없는 속세 번민하지 말고
산을 닮고 나무를 닮고 자연을 닮아
잠시나마 신선이 되어 보자

자연을 거역하지 않는 산 산 산
삶도 자연의 한 조각이라는데
그 산에 올라 나도 자연이 되어 보자
산처럼 여유로운 사람이 되어 보자

가을의 길목에서

추적추적 가을비 내리는 날
옷깃을 여미게 하는 스산한 바람결에
형용할 수 없는 외로움 하나가
누군가를 그립게 하고

비바람에 몸살 앓은 가로수 잎이
눅눅한 거리에 쓰러져
애처롭게 나뒹구는 길을
촉촉이 스며드는 그리움 안고
정처 없이 걸어봐도

차가운 바람만 나와 동행할 뿐
쓸쓸한 가을은 내 마음속에
그리움만 흩뿌리며
그렇게 그렇게 말없이 깊어만 간다

봉선화

산모퉁이 쓰러져가는 폐가
지붕도 꺼지고
토담도 무너져
고요가 흐르는 으스스함이
머리카락을 새운다

사람의 온기가 떠난 그 자리
돌봐주는 이 없어도
앞마당에 피어 있는 봉선화는
누구를 맞이하려
저렇게 예쁘게 피었을고

올가을엔

올가을엔 예쁜 단풍처럼
오색찬란하고 화려하지 않아도
늘 변함이 없는 노랑 은행잎처럼
낭만적인 사람을 만나고 싶다

어쩌다 불현듯 보고 싶을 때
함께할 수 없는 허허로움에
애틋해지기보다 그대 생각만 해도
행복해지는 사람을 만나고 싶다

올가을엔 쪽빛 하늘처럼 투명한
모습으로 내 마음에 투시되어
맑고 고운 음률로 화음을 맞출 수
있는 산소 향 같은 사람을 만나고 싶다

멀리 떨어져 있어도 믿음이 가고
적당한 거리를 두고 지내도
그 사람이 내 인생에 전부라고
느낄 수 있는 그런 사람을 만나고 싶다

외로운 코스모스

아무도 돌보지 않는
산마루 척박한 곳에서
생명도 끈질기게
뿌리내린 코스모스
휑한 외로움에도
생명의 마지막 정열인냥
곱디고운 꽃을 피우는
너

가냘픈 줄기에
매달려
모진 바람에
만고풍상 다 겪으며
누구를 맞으려고
그 연약한 꽃목을
흔들고 있단 말인가
너의 생명도
이제는
다 끝나가고 있거늘…

개망초

흙탕물 속에서도
고운 꽃을 피워내는 연꽃처럼
하지 무렵 오래 묵혀
거칠어진 묵정밭이나
옥토보다 척박한 곳에서
소박한 모습으로
흐드러지게 피어나는 꽃

혼자는 외로워 무리 지어
군락을 이루고 피어났을까

고운 햇살 받으면 수줍어하고
은은한 달빛 받으면 청아한 꽃
때 묻지 않은 하얀 마음
무채색으로 피워낸 하얀 꽃
별스럽게 화려하지 않아서
오히려 정감이 가는 꽃
그 이름 개망초이어라

추억은 아름다워

덧없는 세월 앞에
왠지 모를 허무함과
공허함을 느낄 때
가슴 한켠 아련히
피어나는 그리움은
기억의 강 저편
옛 추억을 더듬게 하고

내 마음은 이내
타임머신 타고
까마득한 사춘기 때
그 시절로 되돌아가
추억을 낚느라고
지천명의 나이도 잊고
살아온 세월도 잊는다

진달래꽃

봄바람 난 진달래꽃
급한 마음에
발가벗은 裸身으로
벌 나비 유혹하려다
압도당한 뭇시선에
부끄러워
달아오른 고운 모습
연분홍 미소

소나무

너의 곧은 절개는
우리 부모님의 강인한
모습을 보는 것 같고

너의 덕 지진 껍질은
우릴 위해 희생하신
우리 부모님의 거칠었던
손을 보는 것 같으며

사시사철 변함없는
너의 푸름은
일평생 자식 위해
헌신하신 우리 부모님의
가없는 사랑 같아라

마지막 잎새

발가벗은 나목에
매달린 잎새하나
누구를 기다리려
떠나지 못하고
찬 바람을 맞으며
바동바동 떨고 있을까

애처로워 보이는
너의 모습이
임 기다리다 지쳐 버린
내 모습 같아
엄동설한 혹한 만큼
내 마음이 시리구나

어여 떠나렴
추위에 떨지 말고
너도 가고 나도 가야 할
대지의 품으로

백발이 된 억새꽃

민둥산 정상에 오르면
끝없이 펼쳐진 광활한 대지 위에
눈부시게 펼쳐진 억새 바다
하얗다 못 해 눈이 부신 억새꽃

투명한 햇살 받아
멋진 자태 한껏 뽐내지만
가을의 대명사 낭만파 억새꽃도
무슨 사연 그리 많아
가슴앓이를 하였기에
저토록 백발이 되었을까

바람도 쉬어가고
구름도 쉬어간다는 산 위에서
청풍명월 벗하다
서리 맞아 희었을까

흐트러진 머리 풀어헤치고
한풀이라도 하는 양
하늘대는 너의 춤사위가
왠지 쓸쓸하고 서글퍼 보인다

둘만을 위한 사랑의 꽃씨

내 마음속에 예쁜 꽃씨 하나
품고 살아가고 있습니다
언젠가 만나게 될 그대의
마음 밭에 심을 꽃씨랍니다

믿음으로 싹을 틔우고
사랑으로 꽃피우고 열매 맺는
그대와 나만이 키울 수 있는
아름다운 마음의 꽃씨는
햇볕과 물과 바람이
절대로 키울 수 없답니다

오직 그대의 관심과 사랑
없이는 자랄 수 없는
우리 둘만이 가꿔야 하는
소중한 사랑의 꽃씨랍니다

제2부

내 마음에 내리는 비

내 마음에 내리는 비

내리는 봄비는
대지를 촉촉이 적시지만
내 마음에 내리는 비는
공허함에 젖게 하고

내리는 봄비는
감성을 자극하지만
내 마음에 내리는 비는
우울함에 젖게 하네

내리는 봄비는
만물을 소생시키는데
내 마음에 내리는 비는
삶에 회의를 느끼게 하고

내리는 봄비는
봄의 여신 되어 날갯짓하는데
내 마음에 내리는 비는
못내 눈물 되어 흐르네

친구 딸 결혼식 축시

오늘은 천 년의 사랑 맹세하는 날
오늘 맺은 사랑의 언약식이
하늘이 갈라놓는 날까지
서로 존중하며 서로 이해하며
믿음과 참된 사랑으로
장점보다 단점을 보듬으며
하늘도 감동할 예쁜 사랑만 하여라

지금까지는 부모님 그늘에서
온상 속 화초처럼 자랐기에
질경이의 모진 삶을 모르겠지만
이젠 어엿한 성인으로서
일가친척 모시고 만인의 축복 속에
다시 태어난 한 쌍의 원앙이리니

큰 숲을 이룰 수 있도록
가꿔주신 부모님 은혜 잊지 말고
행복의 보고인 가정이란 초원 위에
사랑의 꽃씨 틔워 열매 맺으며
아름다운 풍경 속 주인공 되어
늘 처음 만난 순간을 잊지 말고
너희 둘 사랑 늘 푸르고 영원 하여라

2013. 7. 6. 시인 박 영 화

이젠 잊고 싶은데(1)

세상을 살다 보니
나를 우울하게
나를 슬프게
하는 일들이 많습니다

뒤엉킨 삶이
퍼즐처럼 맞출 수 없다면
일말의 미련도
후회도 하지 않으려
마음을 비우고
욕심 없이 살아가는데

가끔가다
내 슬픈 사랑이
내 아픈 사랑이
내 가슴을 짓누릅니다

얼마만큼 더 아파해야
내 마음이 안착이 될까요
이젠 잊고 싶은데
정말 잊고 싶은데

이젠 잊고 싶은데(2)

지금은 이미
남이 되어 버린 사람을
한줄기 비처럼
한줄기 바람처럼
스쳐 지나간 사람으로
내 기억에서
지워버릴 순 없을까

동지섣달 긴긴 밤
적막 속에 피어나는 고독을
감내하려 긴 숨 토해
허공에 날려 봐도
흩어지는 한 숨은
그리움으로 되살아나고

외로운 나의 영혼은
이 밤도 고뇌 속에
번민하느라 까만 밤을
하얗게 지새운다

이런 사람을 만나고 싶다

은행잎이 나뒹구는
공원길을 함께 산책하며
사소한 대화지만
시간 가는 줄 모르고
나란히 잡은 손에서
따뜻한 온기가 느껴지는
그런 사람을 만나고 싶다

연리지처럼 평생을
붙어살 수 없어도
마음과 영혼이 하나 되어
우리 사는 동안 서로
배려하고 감싸줄 수 있는
말과 행실이 맑은
올곧은 사람을 만나고 싶다

하염없이 비 내리는 날이면

질곡의 삶 속에
멍울 진 아픔의 파편들
상처받은 영혼 달랠 길 없어
마음으로 흘린 눈물
이미 강을 이루었을진대

지금도 가끔 비 내리는 날이면
정처 없이 빗속을 걸으며
울컥 치솟는 쌓인 설움 씻으려
빗물로 내 눈물 씻고
눈물로 내 마음 씻어본다

이 비가 그치고 나면
맑은 영혼의 눈물 엮어
내 마음의 언덕에
고운 무지개 피어나길 바라며…

가을비 내리는 날

가을비가 추적추적 내리면
남루해진 원초적 그리움이
아련한 기억 저편에서 꿈틀거린다
가끔 아주 가끔
오늘처럼 사색에 잠기면
가슴 밑바닥에 깔린
곰삭은 하얀 그리움이
빗소리와 함께 가을 연가 되어
내 마음에 또 하나의
수채화를 그리지만

오늘처럼 가을비 내리는 날
창밖을 바라보고 있노라니
내 마음속 아름다운 풍경과
빗소리에 젖어 누군가와
따뜻한 차 한 잔 마시고 싶다
통기타 라이브 음악이 있고
분위기 있는 카페가 아니면 어떠하리
공허한 내 마음 달랠 수만 있다면

내 마음 밭에 무얼 심을까

살아간다는 것이
때론 버거울 때도 있지만
지나고 보면
모두 한순간인 것을

인간사 모두 새옹지마라
지천명의 나이를 먹고 보니
세월의 덧없음을 느낍니다
잠시 왔다 가는 인생길

서산을 넘는 노을빛도
짧은 생 마감하는 단풍잎도
저토록 고운데
내 마음의 밭에 무얼 심어
내 삶의 빛깔을 낼 수 있을까

아름다운 내 인생을 위하여
이젠 여과된 마음으로
마음의 밭을 가꾸고 싶습니다
나이 듦이 부끄럽지 않도록

아픈 기억 지울 수만 있다면

지나간 시간은 이미 과거인데
현실에 충실하자
마음을 다잡아 봐도
지우고 싶은 기억이 너무 많아
힘든 날이 있습니다

한잔 술로 괴로운 마음
달랠 수만 있다면
밤새도록 술을 퍼마시고
싶은 날이 있습니다

눈물로 아픈 기억
지울 수만 있다면
실컷 울어 버리고 싶은
그런 날이 있습니다

그래서 마음이 조금이라도
편안해질 수만 있다면

똑같은 술인데

살다 보면
한잔 술에 고독을 부어
마시고 싶은 날이 있습니다

살다 보면
한잔 술에 내 마음
달래고 싶은 날도 있습니다

살다 보면
술에 취해 모든 것을 잊고
쓰러지고 싶은 날도 있습니다

그런데
기뻐서 마시는 술은
흥이 나고 엔돌핀이 도는데

괴로워서 마시는 술은
왜 그리 눈물이 나는 걸까요
똑같은 술인데…

중년을 아름답게 맞이하자

젊어서 아리따움이 있었다면
중년엔 아름다움이 있고
젊어서 풋풋한 상큼함이 있었다면
중년엔 우아한 완숙미가 있는데

어쩌다 내 나이 이렇게 되었을까
허무해하거나 후회를 하지 말자

희끗희끗 서리 내린 머리도
얼굴에 자리를 잡아 가는 주름살도
중년이 되어서만 느낄 수 있는
색다른 멋스러움으로 받아들이자

겉모습이 젊어 보여도
마음이 늙은 사람보다
열정을 갖고 젊음을 유지하는
사람만이 중후함과 완숙미를 겸한
중년의 향기를 풍길 수 있는 것을

중년을 겸허하게 받아들이고
중년을 아름답고 멋지게 영위하자

동갑방 친구들과 함께하던 날

국지성 호우로 물 폭탄 쏟아지던 날
산행을 포기하고 찾아간 유명산 계곡
계곡 옆 식당 평상에 자리 잡고 앉아
빗소리 계곡의 물소리 친구들 웃음소리
삼박자가 맞닥뜨려 행복이 피어났었지

같은 해 태어난 친구라는 이유로
맺어진 우리들의 아름다운 인연
만날수록 무지갯빛 사랑 피어나고
기쁨도 슬픔도 함께 나눌 수 있는
돈으로 살 수 없는 보배보다 값진 우정

주름이 가득하고 백발이 성성해도
세월의 벽을 함께 넘을 친구들이여
너와 내가 아닌 우리란 울타리 안에서
우정의 나무에 알알이 사랑 엮으며
동갑방 친구들아 영원히 함께하자

2013. 7. 15.
유명산 계곡을 다녀와서

자식을 둔 어미로서

인명은 재천이라고
순서 없이 가는 것을
어찌 막을 수 있단 말인가

아무리 힘들어도
이승이 낫다는데

누구나 한번 갈길
무엇이 그리 바빠서
육신의 부모 가슴에
한을 남기고 떠나
망연함에 울부짖게 하는지

육체적인 고통은
삶을 위한 희생이라지만
정신적인 고통은
삭신의 고통보다
영혼이 더욱 슬픈 것

선균 친구!
지금은 무슨 말로도
위로가 안 된다는 건 알지만
원통하고 애통해도
어쩌겠는가

숙명적인 운명으로
받아들이고
그래도 산사람은
살아야 하니까 힘내시게나

지금은 자네가
물론 힘듦을 알지만
어차피 떠난 자식
가슴에 묻고
먼 훗날 천상에서
재회 하는 날

아팠던 만큼
힘들었던 만큼
더욱 아끼고
더욱 사랑해 주시게
육신의 인연보다
영혼의 인연이 참인연이라네

– 동창 카페에 올렸던 글임

노량진 배수장 수몰 사고를 접하고

누군들 알았으랴~
누군들 짐작이나 했었으랴~
아~ 청천벽력 같은
사고의 그 순간을~
인명은 재천이라고 하지만
하늘도 무심하여라

한 가정의 가장으로써
아무나 하지 않으려는
3D업종에 뛰어들어
살아 보려고 애쓰던 분들을
어찌 한순간에 앗아 갔을까

지하 수십 미터(m) 수로에서
수몰될 당시 몸부림치며
울부짖었을 아비규환 소리가
내 귓전에도 들리는 듯한데
가족들은 얼마나 애통할까

마지막이 될 줄 모르고
가족들과 주고받았던 문자들
지켜보는 우리 마음도 아픈데
망연자실할 가족들 생각하니
어떤 말로도 위로는 안 되겠지만

부디 하늘나라에선
빈곤이 없는 그런 곳에서
평안히 영면하시길 바라며
가신님들의 명복을 빕니다

2013. 7. 18.
뉴스를 접하고

띠 방 친구들

인터넷으로 만난
친구들이지만
때론 죽마고우보다
더 편안한 친구들

고향이 달라도
같은 해 태어났다는
이유 하나로
만난 친구들인데

자주 만나면
정이 든다더니
그 친구들로 하여금
내 삶이 향기롭다

제3부

사랑 때문에 울지 않으리

사랑 때문에 울지 않으리(1)

침묵이 내려앉은 적막한 밤
고요 속에 피어나는 아픔의 상흔들
미련 둔다고 달라질 게 없는데
현실을 직시 못하는 나의 아둔함이
몽환 속 헤매며 그리움 부추기지만

불나비 사랑이 아닌 순수한 사랑으로
너와의 동행을 위해 절규했던 시간
가슴에 응어리진 눈물 속의 한이
동지섣달 긴긴 밤 가슴을 헤집어도
망각하기 위한 몸부림 놓지 않으리라

후회 없을 만큼 부단히 노력해 봤기에
내 인생의 소중함을 위해서라도
괴로워도 사랑 때문에 울지 않으리
삭막한 겨울 가면 꽃피는 봄이 오듯
그렇게 한 줄기 희망 품고 살리라

사랑 때문에 울지 않으리(2)

사랑의 길은 멀고도 험난한 길이었던가
그토록 절절히 갈구했던 사랑도
사랑했기에 발버둥 쳐 본 시간이었음을

날개 잃은 새가 비상을 꿈꾸듯
내 마음 도닥여 줄 사람 그대라 믿었는데
사랑을 위한 공존은 불가능한 것일까

만남과 이별 속에 덧없어 지는 인생사
사랑했기에 부단히 노력한 보람도 없이
영글지 못한 사랑의 아픈 조각들

내 삶의 쓸쓸한 뒤안길에 눈물 훔쳐도
이것이 내 운명 내가 가야 할 길이라면
이루지 못한 사랑 때문에 울지 않으리

아픔 없는 평범한 삶을 살고 싶다

오늘도 답답한 마음 안고
무작정 발길 옮긴 한강 둔치에서
말없이 유유히 흐르는 한강을
바라보고 있노라니 왠지 모를
서글픔에 가슴이 저립니다

한 때는 내 인생에 전부라고
생각했던 그 사람과 이제는
서로 안부도 물을 수 없는
사이가 되어 더욱 마음 아픕니다

사랑은 그리워도 마음 젖고
사랑은 미워해도 마음 젖으니
흐르는 강물에 모든 시름
띄워 보내고 힘든 삶의 무게를
조금이라도 덜 수만 있다면

여과된 마음 안고 아픔 없는
삶을 살 수 있을 것 같은데
의지대로 안 되는 인생길
시원한 강바람에 심호흡 들이키며
또다시 마음 추슬러 봅니다
저승보다 이승이 낫다니까

고장 난 내 마음의 신호등

밤새워 뒤척이게 하던 번민들
훌훌 털어 버리려 찾아간 바닷가
옷깃을 여미게 하는
싸늘한 바람만 나를 마중한다

사람이 많이 모인 곳이 요란하듯
물과 물이 모인 곳도 같은 맥락인가
갯바위에 곤두박질치는 파도
포효하며 부서지는 포말
무엇하나 평온한 게 없다

계절을 잊고 노니는 갈매기처럼
마음이 자유로울 수 없을까
바다와 하늘이 맞닿은 곳
푸른 바다 푸른 하늘을 마주하면
내 마음도 파란 빛이 될 줄 알았는데
고장 난 내 마음의 신호등은
여전히 붉은 등만 깜빡인다

오뚝이처럼 쓰러지지 않으리라

지구의 종말이 온다 해도
함께 하리라 염원했던 사랑도
인연을 다하면 남보다 못한 것을
한번 가면 오지 못할 인생길
바보처럼 방황하진 않으리라

사랑을 향한 발걸음 갈 곳 없어도
사랑했던 응보 달게 받으며
쓰러지면 또 일어서는 오뚝이처럼
내 마음의 진실을 바로 세우며
빛 잃은 추억 밭에 서성이지 않으리

되돌아갈 수 없는 인생의 여정
아쉬움만 가득한 애통한 마음에
때늦은 후회로 전신이 사위어가도
흔들리는 속내 그리움 삼키며
두 번 다시 사랑 때문에 울지 않으리

단절된 사랑의 응어리진 아픔

기약조차 없는 막연한 기다림 속에
그리움 밀려와 가슴 쥐어짜 봐도
전신이 사위어 가는 인고의 시간일 뿐
봇물처럼 밀려오는 야속함을 어찌하리

홀로 가는 고독의 길 탈피해보려
이제는 잊으리라 수백 번 다짐해도
끈질기게 따라다니는 당신 향한 미련은
단절된 사랑의 응어리진 아픔인 것을

세월의 굴레 속에 지쳐버린 나의 삶
잃어버린 세월의 깊이만큼
뒤엉킨 만상에 잠 못 이루는 밤이면
망각할 수 없는 지난날 눈시울 붉어진다

멀어져 가는 인연(1)

빨주노초파남보 무지갯빛으로
곱게 채색하던 우리 사랑이
짧은 한날의 꿈이었다면
차라리 모든 걸 허공에 날려 보내련다

아침이슬처럼 투명했던 우리 사랑
그 애틋했던 마음은 어디로 가고
둘 사이 스산한 냉기만 흐르고
나지막이 깔린 적막은 이별의 예고런가

가슴과 가슴으로 전율하던 사랑
찰나의 흔들림은 정녕 아니었거늘
세월이 흐르면 알게 되리라
당신 향한 나의 사랑 나의 진심을

멀어져 가는 인연(2)

언제부턴가 마음도 떠나고
표정도 굳은 사람
어디서부터 꼬였는지
풀지 못한 마음 타래

당신을 사랑하면서
나의 웃음은 꽃이 되고
당신 마음은 기쁨이 되어
우리 서로 행복하길 바랐건만

영혼의 울림이 없는 만남
이별의 전초임이 서글퍼도
우리가 사랑했던 모든 것을
이젠 버리고 비워 내리라

아픔으로 멍울진 빈 가슴에
때론 야속함이 싹튼다 해도
행복했던 순간만 기억하리라
한때는 사랑했던 사람이기에

망각으로 지울 수 없는 아픈 사랑

숙명적인 운명으로 돌리기엔
너무나 가슴 아팠던 사랑과 이별
죽도록 원하고 사랑한다고
그 사랑이 내 것이 아닌 것을
왜 그토록 가슴앓이를 했을까

비 오면 싹 트는 그리움도
회한 앞에 출렁이는 애틋함도
인생사 모두 부질없는
흘러가는 구름이고 바람이련만
얼마나 더 불면의 밤 지새워야 하나

우리 서로 남남이 된 지 오래인데
아련한 기억 저편에 꿈틀대는
만감의 교차 속 피어나는 그리움은
벗어날 수 없는 잔인한 멍에런가
망각으로 지울 수 없는 아픈 사랑아

부질없는 사랑 앞에서

세상사 모두 부질없음은
뻔한 이치임을 알면서도
눈가에 이슬 맺히도록
갈구한 진실한 사랑은
한낮 헛된 꿈이었던가

중년의 가슴에 파고드는
휑한 고독과 외로움을
가슴 쓸어내리며
유혹에 빠지지 않고
한 곳만 바라본 나의 일심
누구를 위함이었을까

외로운 영혼끼리 만나
울림이 있는 따뜻한 사랑으로
마음과 어깨 기대고자
노력해 본 소중한 시간
이젠 모두 허공에 날리련다

사랑 때문에 눈먼 남자

백발이 성성해진 머리카락
군살 붙어 뚱뚱해진 외모
자리 잡힌 주름살까지
영락없는 초로의 내 모습을
예쁘게 봐 주는 사람은
오직 한사람 당신뿐입니다

거울 속에 비친 내 모습은
어딜 보나 예쁜 구석 없는데
당신의 마음이 예쁘니까
내가 예쁘게 보이나 봅니다

한잔 술을 빌미로
눈이 선해 보여 예쁘다고
입술이 매력 있다고
그러나 마음은 더 착하다고
그렇게 말해 주는 사람은
사랑에 눈먼 당신뿐입니다

잊을 수 없는 지난날 아픈 사랑

우리의 인연 놓을 수 없어
가슴 쓸어내리던 수많은 지난날
막연한 기다림에 지쳐 버린 내 영혼
하얀 슬픔으로 물들었어도
그 사랑 한신들 잊을 수 있었으랴

추억 많은 지난날 잊을 수 없어
얽키고 설킨 정에 잠 못 이룬 밤이면
바람 같은 세월 앞에 허무함 많아
애꿎은 소주잔만 비워 봤지만
당신과의 인연 어찌 잊을 수 있으리

그 사랑 때문에 몸부림친 회한의 길목
발 없는 세월은 저만큼 달아났지만
내 마음을 떠나지 않는 정지된 사랑
그 사랑이 아픔으로 되살아나면
이별보다 더 아픈 그리움이 출렁인다

부메랑 사랑

삶의 의욕을 잃고
방황하고 있을 때
희망과 용기를 준 사람

비록 닿을 수 없는 거리에
서 있는 사람이지만
그 사람과 함께라면

마르지 않는 샘물처럼
여과 없는 맑음으로
마음의 손 잡고
아름다운 황혼길
동행하고 싶었는데

믿고 의지하기엔
너무 먼 사람이기에
얼키설키 휘어 감는
연민의 정 내려놓고
내 마음 부메랑 되어
제자리로 선회한다

가슴속에 묻어둔 영혼의 사랑

한 세월 속절없이 흘러갔어도
상념의 거친 파도를 헤치고
아직도 못다 한 사랑이 절규한다

기억의 강 저편 꿈틀거리는 그리움
추억 속에 묻힌 당신과 나의 사랑
잊으려 할수록 눈가에 눈물 고인다

온갖 세상만사 부질없다 하여도
하늘이 허락해 준 우리의 인연은
애달픔 끌어안은 진실이었음을

석양 따라 동행하는 황혼 길에
물안개처럼 피어나는 하얀 그리움은
가슴속에 묻어둔 영혼의 사랑이리라

밀알이 되고자 노력했던 시간

곤곤한 삶 속에서도
당신과 동행의 기쁨 있어
인고의 세월 보내며
행복을 염원했던 지난날

초연하게 흘려보낸 세월
풀지 못한 삶의 타래
얽히고 설켜 애통한 마음
아쉬움만 가득하지만

생과 사 이별도 하는데
같은 하늘 아래
존재한다는 사실
하나만으로 위안을 삼자

연속되는 고행 속에서도
희망찬 내일이 있었기에
밀알이 되고자 노력했던 시간
행복을 위한 동행이었으니까

제4부

참 좋은 사람을 만났습니다

참 좋은 사람을 만났습니다

겉모습보다 마음이
아름다운 사람을 만났습니다
마음이 너무 해맑아
바라만 봐도 행복해지는
그런 사람을 만났습니다

때 묻지 않은 순박함이
여리디 여린 새싹 같아
보호해 주고 싶은 충동을
느끼게 하는 사람을 만났습니다

자신보다 나를 더욱 소중하게
생각하는 사람을 만났습니다
그래서 사랑할 수밖에 없는
다시 태어나도 사랑하고 싶은
그런 운명적인 사람을

꽃과 나비의 사랑

꽃을 찾아 비상하는
나비가 당신이라면
나는 한 송이
예쁜 꽃이고 싶습니다

그대 고운 입술
꽃잎에 입 맞추면
당신의 향기에 취해
하늘하늘 춤추는
나는 한 송이
고운 꽃이고 싶습니다

당신의 편안한 쉼터가
진정 내 곁이라면
비바람이 질투해도
당신은 나비로
나는 꽃으로
예쁜 사랑을 하며
그렇게 살고 싶습니다

늘 푸른 상록수 같은 사람

언제나 내 마음속에는
늘 푸른 상록수처럼
사시사철 변함없이
나를 미소 짓게 하는
한 사람이 있습니다

많은 시간이 흐른 지금도
그 사람 생각만 하면
마음이 행복해집니다

산림이 방출하는
피톤치드 삼림욕 효능처럼

그 사람이 언제나
신선한 향기를 폴폴
풍겨 주기 때문입니다

내면의 향기 인품의 향기

나는 예쁜 꽃처럼
아름답지도
향기롭지도 못합니다

나는 예쁜 꽃처럼
만인의 사랑을
받지도 못합니다

그러나 단 한 사람
나를 변함없이
사랑해 주는 사람
그 사람을 위해서라면

언제나 편안함으로
삶에 향기를 폴폴
풍겨 드리고 싶습니다
내면의 향기
인품의 향기를

중년에 찾아온 사랑

따사로운 햇살은
양지 녘 새싹들 속살 키우고
마음이 따뜻하고
잔정이 많은 당신은
내 마음속 사랑을 키웁니다

아픔의 상처가 너무 많아
때론 사랑이 두려울 때도 있지만
당신과의 사랑이
아픔으로 끝날지언정
그냥 포기하고 싶진 않습니다

중년의 사랑은
돈과 명예와 권력보다
진정으로 나를 아끼고
나를 사랑하는 당신 같은 사람이
절실히 필요하기 때문입니다

빛나는 보석 같은 사람

금과 은만이
보석이 아닙니다
나에게도
남몰래 감춰 둔
반짝이는 보석 하나
내 삶의 전부인
한 사람이 있습니다

소중한 내 인생
그 사람이 아니면
제 삶은 아무런
의미가 없기에
어떠한 보석보다
더욱 소중한 한 사람

그 사람이 나에겐
빛나는 보석이고
소중한 보배입니다

내 가슴에 담은 사랑

당신과 나의 만남이 신기루처럼
피었다 사라질 사랑일지라도
한 남자를 위한 가슴 저민 사랑
운명 같은 사랑을 해보고 싶습니다

강함 뒤에 숨겨진 당신의 여린 마음
깊은 산 속 옹달샘 옥수처럼 맑은데
반쪽 사랑의 비애에 가로막혀
우리 함께할 수 없는 현실이지만

뼛속까지 사무치는 애절한 사랑
상념의 거친 파도를 헤치고
갈망하는 사랑의 뜨거운 염원을
어찌 작열하는 태양 빛에 비유하리

세상만사 모든 것 다 버려도
당신 향한 연민의 정 버릴 수 없어
바보처럼 당신을 흠모하는 내 마음
억겁의 세월 흘러도 변함이 없으리

내가 선택한 염원의 사랑

가슴 아픈 사연 속으로 삭이며
사슴 같은 눈망울 촉촉해져도
정신일도 하려는 깃 세운 자존심
이제는 당신 사랑을 알 것 같아
당신을 내 마음에 오롯이 담았습니다

산전수전 겪으며 살아온 인생길에
마음 줄 곳 정 줄 곳 많았어도
오직 일념으로 사랑하는 마음 하나
잠시 인연이 되어줄 양이었다면
내 사랑을 허락하지 않았을 겁니다

반쪽 사랑의 벽을 허물 수 없어
만감의 교차 속 내 마음 흔들려도
지친 심신에 담아주는 따뜻한 정
가식 없는 사랑 앞에 빗장을 열고
일편단심 당신 사랑만 담으렵니다

참사랑의 향기

열 길 물속은 알아도
한 길 사람 속은 모른다는데
내 어찌 당신의
속마음을 알겠습니까

다만 그대가 보고 싶은 건
당신에게서 참사랑의
향기가 나기 때문입니다

사랑 표현이 부족해도
때론 친구처럼 때론 오누이처럼
살갑고 편안한 사람
내 어찌 그런 당신이
그립지 않겠습니까

진정 그대를 사랑하는 건
당신 가슴속에 나를 담았음을
당신의 눈빛에서
이미 느꼈기 때문입니다

산다는 것이 무엇인지

후회와 아픔으로 얼룩진 내 사랑
날개 잃은 새처럼 상처 입은
외로운 내 영혼의 아픔과
절절한 내 슬픔을 그 누가 알까

헛되이 살아온 날이 허무해서
바보처럼 살아온 삶이 화가 나서
가끔 심호흡을 들이켜 보지만
속으로 삭이는 응어리진 아픔들

산다는 것이 무엇인지
살아가야 할 이유가 무엇인지
삶에 지표를 잃고
내 마음 방황할 때

따사로운 햇살로 찾아온 봄은
새 생명을 움 틔우는데
얼어붙은 내 마음의 봄은
언제 쯤 찾아올고

흰 눈 내리던 밤

어둔 밤
흰 눈 내리는 거리

나처럼 외로워
보이는 가로등 하나

문득
쳐다본 순간
수많은 눈송이가
앞 다투며
내게로 달려온다

오늘만큼은
외로워하지 말라며

인연의 소중함을 간직하리라

세월 가는 것이 아쉬워도
그것이 순리인 것처럼
이룰 수 없는 사랑이라도
인연의 소중함을 간직하리라

당신과 나의 만남이
싱그러운 마음으로 만나
희망찬 미래를 향한
푸른 꿈도 출렁거렸는데

농익은 푸름 속에
매미의 합창 소리처럼
너와 나 우리의 만남이
화음을 맞추지 못했어도
가끔은 안부가 그리우리라

한 때는
사랑했던 사람이기에

당신을 만나 참 행복합니다

벚꽃이 지천으로 피어
우릴 반기던 윤중로 거리

수줍게 잡는 당신의 손길에
따뜻한 사랑이 느껴져
만개한 벚꽃처럼
제 마음도 벙그러졌답니다

오고 가는 수많은 인파 속에
당신과 함께한 소중한 시간

소박한 행복을 느끼며
든든해진 내 마음속에도
행복의 꽃이 피었답니다
벚꽃보다 고운 사랑의 꽃이

예쁜 사랑만 담고 싶습니다

누군가에게 애틋한 사랑을
받는다는 것이 이렇게
큰 행복인 줄 미처 몰랐습니다

고단한 삶의 여정 한가운데
이토록 신선한 그리움이
피어날 줄 몰랐습니다

인생은 육십부터라고 하지만
나 자신이 약해짐을 느낄 때
형용할 수 없는 허무함이
내 마음을 허탈하게 하지만

비우고 채우는 일을
마음대로 할 수만 있다면
이제는 내 마음의 빈자리에
예쁜 사랑만 담고 싶습니다

아팠던 만큼 성숙한 사랑을
힘들었던 만큼 애틋한 사랑을

내 마음에 심은 천년의 사랑

내 마음의 텃밭에
고운 사랑만 심어 준 사람
눈을 감으면 언제나
환한 미소로 다가옵니다

쓸쓸한 인생의 뒤안길에
뒤 늦게 찾은 행복
창가에 쏟아지는 햇살만큼
따사롭고 포근한 사람

세상 모든 것을 포기하고 싶을 때
나에게 힘과 용기를 준 사람
당신과 맺은 천년의 사랑
내 마음의 밭에 심었으니
이 얼마나 행복이고 축복입니까

언제나 바라보는 그 곳에
늘 당신이 있어 행복합니다
당신 때문에 행복해진 내 마음은
사시사철 꽃피는 봄입니다

제5부

너무나 소중한 인연

너무나 소중한 인연

초고속 만남이
비일비재한 세상이라고 해도
우리의 만남은
한땀 한땀 정성 쏟은 만큼
아름다움이 피어나는
십자수 놓는 마음으로
다가가려 합니다

천하일색 양귀비라 해도
바람처럼 스치는 인연보다

비바람에도 흔들림 없이
오랜 세월 모진 세파 견디며
자리매김하는 돌탑처럼
차곡차곡 정성 들여
돌탑 쌓는 그런 마음으로
다가가려 합니다

우리의 만남은
너무나 소중한 인연이기에

새해의 소망

다사다난했던 한 해를 보내며
지난 1년 동안 의지력 없이
헛되이 살지 않았나 되돌아봅니다
해마다 이맘때면
허무한 생각만 드는 건 왜 일까요

이제 을미년 새해가 밝았습니다
새롭게 맞이하는 또 한해
의지대로 안 되는 삶이지만
새해에는
내가 사랑하는 모든 사람들과
인연의 소중함을 다지며

그저 큰 욕심 없이
작은 행복에 만족하고
소박하지만 기쁨 넘치는 한해가
되어 주길 살며시 눈 감고
몸과 마음 모아 합장해 봅니다
새로운 또 한해의 안녕을 기원하며

포장마차의 매력

고급 레스토랑처럼 고풍스럽고
로맨틱한 분위기가 아니어도
사랑하는 사람과 함께할 수 있고
마음 축일 수 있는 공간이라면
길거리 포장마차인들 어떠하리

갖춰진 게 없는 열악한 장소지만
어우렁더우렁 어우러져
부딪치는 잔 속에 정 쌓으며
낭만과 삶의 향기가 피어나
애환 서린 마음이 녹아내리는 곳

추적추적 비 내리는 날이면
포장마차의 매력은 더해지고
주고받는 한잔 술에 잠시나마
복잡한 세상사를 잊게 하는 곳
때론 그 곳이 정겹기도 하더라

속세를 초월한 미지의 세계

고즈넉한 소나무 숲길 따라
사부작사부작 오르다 보면
솔향 그윽한 아차산 자락
양지바른 곳에 자리 잡은 대성암

긴 여운을 남기는 청정한
목탁소리에 미지의 세계로
발길 옮긴 산사에서
바람결에 흔들리는 풍경소리에

잠시 무거운 마음 내려놓고
온갖 상념으로 얼룩진
번뇌의 때 세탁하니

몸과 마음이 정화되어
해탈한 스님처럼 맑아진 마음
여과된 마음 안고 하산할 때
가벼워진 발걸음 청산을 나네

노숙자

날개 잃은 새처럼 갈 곳 잃은 사람들
저마다 사연 사연 가슴에 묻고
힘든 세월 살아온 찌듦일까
꼬질꼬질한 차림으로
구걸해 온 듯한 음식 나부랭이 몇 점 놓고
쓰디 쓴 깡소주 꺾고 있는
폐인이 된 모습들

한때는 하이칼라였을 듯 싶은 사람도
아직은 인생을 포기할 만큼
연륜이 쌓이지 않은 젊은이도
무슨 사연 그리 많아
차디찬 역사안도 둥지라고
고단한 삶 내려놓고
이름 없는 잡초처럼 살아가는 것일까

내 가족이라고 생각하니
형용할 수 없는 마음 짠함이
싸늘한 밤공기와 함께
영등포 역사안 밤풍경은 마음 아프다
정녕 저자들이 편히 쉴 곳은 어드메일고

해인사 소리길

팔만대장경이 보관된
천 년 고찰 해인사로 이어지는
참으로 아름다운 길
우주 만물이 소통하고
자연이 교감하는 깨달음의 길

귀를 기울이면
물소리 바람 소리 세월 소리를
들을 수 있다 하여
붙여진 이름 소리길

즐비한 천 년 노송
자연 그대로 우릴 반기고
진정한 쉼을 느낄 수 있는
자연의 보고지

빼어난 절경 홍류동 계곡 따라
굽이쳐 흐르는 청아한 물소리와
청량한 공기에 정화된 마음
콧노래 자연소리 화음 맞추니
이곳이 별천지 진정한 무릉도원
때 묻지 않은 해인사 소리길

구세군 자선남비

지하철 역사 곳곳에
구세군 자선남비의 종소리가
훈훈하게 울려 퍼지며
세모의 분위기에 젖게 한다

십시일반이라고
가진 자의 나눔보다
없는 자들의 정성
관심 어린 눈길과
따스한 손길

소외된 계층의
어려운 이웃에게
작은 나눔 실천하는
온정의 손길들
아무리 세상이 삭막하다 해도
따스한 마음과 마음이
모이는 곳은 사랑이 넘친다

환상의 섬 홍도

한반도 서남단 국토 끄트머리
망망대해 한복판에
외롭게 떠 있는 섬
눈이 시리도록 푸른 바다 위에
홍갈색을 띤 바위들이
형언할 수 없는 절경을 이룬 곳

섬 전체가 천연기념물 170호로
지정될 만큼 태고의 신비를
간직한 천혜의 아름다운 섬
억겁의 세월 풍화작용 되어
이름이 붙은 절경만도 33경이라

바다와 나무 기암괴석이
빚어낸 절묘한 조화는
한 폭의 동양화를 방불케 하고
탄성이 절로 나오게 하는
해벽미의 아름다움을
뱃길로 돌아보는 해상관광은
눈길을 돌릴 수 없는 장관이다

태곳적 신비를 간직한 울릉도

하늘이 허락해야 갈 수 있다는 섬
우리나라 동해 끄트머리
망망대해에 외로이 떠 있는 섬
세 번의 시도 끝에 입성한 울릉도

저동항의 표상인 촛대 바위
억겁의 세월을 업은 채 위엄을 발하고
옹기종기 모여 마을 이룬 소박한 어촌
또 다른 정겨움으로 다가선다

기후 악조건 상 독도에 못 간 아쉬움
나리분지에서 씨 껍데기 술로 달래며
케이블카 타고 조망대에 올라 죽도와
아름다운 해안을 구경하는 맛도 일품

호박엿 오징어 명이나물 유명하다 해도
태곳적 신비를 간직한 빼어난 절경
저동항서 도동항까지 이어지는
해안 산책로의 매력은 으뜸이어라

토평 코스모스 축제장 풍경

강과 둔치의 아름다움이
절묘한 조화를 이루는 곳

드높은 가을 하늘에
두둥실 떠있는 뭉게구름은
쪽빛 그리움 한없이 풀어내고

가을의 전령사 코스모스 꽃이
살랑이는 갈바람에 예쁜 춤사위로
뭇시선을 유혹하는 곳

꽃들의 향연에 잠자리도 신나서
꽃밭 위를 빙빙 돌고
원두막 위 조롱박도
가을 정취 물씬 풍기며
운치를 더해주는 곳

나들이 나온 수많은 인파
살래살래 들뜬 걸음
행복에 찬 웃음소리
가을이 송골송골 익어가는
한강둔치의 아름다운 진풍경이어라

설악산의 추억

구름도 쉬어가고
바람도 쉬어가는 곳
나의 추억도 살아 숨 쉬는
그곳에 가면
지난 추억이 되살아나
눈물이 납니다

이제 두 번 다시
그리워하지 말아야지
수없이 다짐하건만
곱게 물든 단풍을
바라볼 양이면

어느 가을날
당신과 함께 대청봉에 올라
세상 모든 것을 다 얻은 듯
행복했던 지난날이 떠올라
문득 당신이 그리워집니다

이젠 잊혀질 때도 됐는데
이젠 지워질 때도 됐는데
우리의 아름다웠던 지난날
그 고운 추억을
흩뿌려놓은 설악에 들면

못다 한 말들
못다 한 사랑 때문에
당신을 다시 한 번 추억합니다
곱게 물든 단풍만큼
우리 사랑도
한때는 참 아름다웠음을

사자산 녹색 농촌체험마을 휴양지

청풍명월의 고장
청양군 운곡면 신대2리 72번지에
넉넉한 모습의 바깥주인이
정성 들여 마음 내려놓은 듯한
사자산 녹색 농촌체험마을 휴양지

산 높고 골 깊은 골짜기에
아담하게 자리 잡은 고즈넉한
정통 한옥의 체험관 풍경은
복잡한 도심에서 잠시 벗어나

시골 풍경에 취해도 보고
모닥불 지펴 놓고
캠프파이어도 즐기며
마음의 여유를 느낄 수 있는 곳

개울가에 자리 잡은 정자는
운치를 더해 주고
굴뚝에서 피어오르는
구름 같은 연기는
그 옛날 향수에 젖게 한다

한옥 체험관 안에서
넓은 창 너머로
바라보는 바깥 풍경은

눈 내리면 설경을 바라보면서
비 내리면 빗소리 들으며
누군가와 함께
차 한 잔 마시고 싶은 곳

자동차 경적소리도 끊긴
산골 마을의 적막함이 외로웠던가
꼬리 흔드는 강아지의 재롱도
짧은 만남이었지만 긴 여운을 남긴다

– 칠갑산 갔다가 잠시 들린 곳

실종된 내 모습

표정은 그 사람의 마음이라는데
어느 순간부터
거울 속에 비친 내 모습은
미소가 사라졌고
표정이 굳어버린
움직이는 마네킹이 되어 버렸다

어쩌다 내가
이런 모습으로 전락하였는지
잃어버린 나를 찾아보려
친구를 만나 수다도 떨어보고
취미생활도 해보고
산도 찾아보지만

결국은 상처받은 마음에
삶의 회의만 담금질하다
오늘도 무표정한
모습으로 또 하루를 맞이한다

함께 걸었던 그 산길

나 오늘
검단산 정상에 올라
당신과 함께했던 그때를
잠시 회상해 봤습니다

어느 겨울날
눈보라가 휘몰아치던 날
당신의 따뜻한 손
맞잡고 올랐던 그 산길

오랜 시간이 흐른 지금도
행복이 충만했던 그 길은
고운 추억이 고스란히 남아
아픔으로 되살아나더군요

이젠 빛바랜 추억이지만

거부할 수 없는 커피 사랑

우리가 너무 쉽게
접하는 한 잔의 커피
그 커피 한 잔은
기호 식품에 불과 하지만
커피 한 잔의 행복함은
분명히 기쁨의 묘약입니다

추울 때는 따뜻함으로
더울 때는 시원함으로
때론 감미로운 향기로
나를 유혹하는 커피의 매력

기쁠 때는 기쁜 대로
힘들 때는 힘든 대로
많은 걸 생각할 수 있는
깊이를 주는
커피 한 잔의 여유
내가 푹 빠진 이유입니다

제6부

어머니

어머니(1)

그리워 그리워도
이 마음 전할 길 없고
못 견디게 보고파도
만날 수 없어

생각할수록 목이 메이는
이름 하나 어머니

당신이 떠난 후
새들의 지저귐도
꽃들의 미소에도 화답하는
습관이 생겼습니다

혹여
환생한 어머님 같은 착각에

그리운 어머님
보고 싶은 어머님
오늘은 불현듯 만나고 싶습니다

꿈속에서라도

어머니(2)

세월 앞엔 장사가 없다더니
천륜의 고리 놓으시고
세월의 강을 건너가신 당신이
오늘따라 절절하게 그립습니다

유달리 정이 많으셨던 어머님
혹여 자식들과 영혼의 끈
놓지 못해 귀천 못 하시고
구천을 헤매시는 건 아니신지요

고된 삶의 여정에 지쳐
누군가에게 기대고 싶을 때
때론 친구처럼 때론 연인처럼
제 마음 다독여 주시던 어머님

그리움과 보고픔이 믹스되어
하얀 밤 지새우는 날이면
만삭이 된 그리움만
제 마음에 빗물 되어 내립니다

어머님의 기일

내일이면 어머님이 떠나시고
두 번째 맞이하는 기일입니다

어느 면을 보나 기품이 흐르셨고
흐트러짐 없이 솜씨 맵시 마음씨가
겸비되어 심사임당 같았던 우리 어머님

한량이셨던 아버님을 만나
수많은 날 마음고생 많으셨지만
열녀 같으셨던 어머님 덕에
평생을 편히 사시다 가신 아버님

믿음은 없지만, 기 제삿날 두 분이
함께 오신다기에 이번 기일 날은
아버님께 한 말씀 고하려 합니다

당신이 먼저 떠나시고 홀로
남은 어머님께 자식들이
나름대로 보필한다고 했지만
살갑게 채워 드리지 못한 사랑
이젠 아버님이 어머님 손 꼭 잡고
많이많이 아끼고 사랑해 주시라고

지울 수 없는 아린 그리움

참 많은 세월이 흘렀습니다
그런데도 잊혀지지 않는
지울 수 없는 아린 그리움이
밤잠을 잊고 서성이게 합니다

질기디 질긴 인연의 고리가
천륜이었음을 왜 당신이
떠난 후 알게 되었을까요

불효막심했던 여식이지만
어머님 당신 생각만 하면
싸한 그리움이 목울대까지
차올라 눈물이 납니다

육신은 영면에 드셨지만
영혼으로 불멸하시는 어머님
당신이 안주하는 하늘나라에선
자식 걱정 내려놓으시고
꿈에라도 한 번씩 다녀가세요
어머님 참으로 그립습니다

지난밤 꿈속에

지난밤 꿈속에
3년 전 떠나신 어머님께서
여전히 생시처럼
고운 모습으로
밥상을 차려 주시면서
네가 좋아해서 만든 거라며
약식을 먹으라고 권한다

문득 생각이 떠올라
달력을 보니 1주일 후면
어머님 3번째 기일이네요

불효자였던 큰딸을
그래도 보고 싶으셨던가
기일 날 잊지 말라고
꿈속에 다녀가셨나 봅니다
때론 친구 같았던 우리 어머님
오늘따라 따뜻하셨던
당신이 무척 그립습니다

당신 향한 사모곡 들리시나요

추억의 앨범 속 빛바랜 사진처럼
당신 모습이 흐려짐을 느낄 때
아니라고 이건 아니라고
내 영혼이 몸부림칩니다

당신은 나의 어머니 나는 당신의 딸
우린 천륜의 동아줄로 꽁꽁 묶인 사인데
먼저 가셨다고
제 곁을 떠나신 건 아닙니다

당신 향한 사모곡 들리시나요
불현듯 당신이 그리워지는 날이면
영혼의 마주침이 진동하는데
기억에서 사라지려 하면 아니 되옵니다

먼 훗날
설상 제가 당신을 기억 못 한다 하여도
영혼의 울림을 주시옵소서
이 세상 끝나는 날
제가 어머님을 찾아갈 수 있도록

따뜻한 차 한 잔이 그립습니다

불효자였던 이 여식
당신에게 빚진 마음 너무 아파
가슴앓이도 할 만큼 했건만
아무리 떨쳐 버리려 해도
또렷이 각인되어 피어나는 그리움

그 누가 보고 싶은 들
당신 향한 그리움만 하겠습니까
세월이 흐를수록
못다 해 드린 자식의 도리
가슴 미어집니다

언제나 다정하셨던 어머님
오늘처럼 당신의 포근했던 사랑이
그리워지는 날은
당신이 손수 타 주시던
따뜻한 차 한 잔이 진정 그립습니다

아버지의 향수가 그립다

철부지 어린 시절엔
아버지가 왜 그리
엄격하게만 느껴졌는지

지금 생각해보니
대문 밖에서 들려오던
아버지의 헛기침 소리는
아버지만의 자존심이었던 걸

그땐 아버지란 존재가
왜 그리 어려웠는지
목소리 작게 하여라
여자니까 뛰어다니지 마라
모두가 잔소리 같았던 말씀이
아버지의 사랑이었음을

중년의 나이가 되어보니
그때 그 시절
아버님의 향수가 그립다

신이 준 고귀한 선물(1)

사랑은
내리사랑이라고 했던가
내 마음을 온통
빼앗아 간 울 손녀

움직이는 장난감을 보는 듯
동작 하나하나가 너무 신기하다
어느 연기자가 감히
그런 모습을 재연할 수 있을까

깔깔대며 웃는
천진스런 모습도
구슬 같은 눈물 떨어뜨리며
떼를 쓰는 모습도

보고 또 봐도 미운 구석 없으니
팔불출 소리 들으면 어때
내 마음 감출 수 없는 걸

아이고 이쁜 내 새끼~

- 친손녀 애기 때 쓴 글임

신이 준 고귀한 선물(2)

혈연의 연으로 내 곁에 온 선물
너를 품는 순간 세상 모든 걸
다 얻은 것 같았던 눈물겨운 감동
이 황홀감을 어찌 글로 다 표현하리

새록새록 잠자는 천사 같은 모습
킁킁대며 맡고 싶은 풋풋한 젖내음
나날이 무럭무럭 자라는 네 모습
지켜만 봐도 느껴지는 이 행복함

통역도 할 수 없는 옹알거림
눈빛으로 통하는가
사람을 잘잘 녹이는 해맑은 미소
수정이 맑다 한들
어찌 너의 미소에다 비유하리

건강하게 태어나줘 고맙다
외할머니의 바람이라면
지금처럼 예쁘게
지금처럼 건강하게
무엇보다 올곧게만 자라다오

기다리는 마음

60년 만에 돌아온다는 백호해
2010년 경인년 새해가 밝았다
신년 초엔 누구나
가족 건강과 행복을 기원하지만

지난해 결혼한 딸내미
임신 소식 접하니 경인년 선물로
그 이상 무엇을 더 바라리

욕심 없는 소망 하나 걸어 본다면
백호의 용맹성도 좋지만
그저 건강한 손자의 탄생만
벌써 부터 기다려진다 경인년 가을이

2010년도 새해에

우리 사는 동안

지난 세월을
다시금 회상해 보면
한 때는
당신이 없으면
못살 것만 같은
순간도 있었는데

몸이 멀어지면
마음도
멀어진다더니
지금은 당신이
낯선 타인처럼
느껴집니다

그러나
우리 사는 동안
서로
미워하지 말아요
우린 이미
억겁의 인연이잖아요

별이 된 나의 사랑

세상 그 무엇과도
바꿀 수 없었던 나의 분신
그렇게 허무하게
내 곁을 떠날 줄 알았더라면

한 번 더 안아 줄 것을
젖 한 번 더 먹일 것을

태어난 지 백일 만에
하늘나라로 가버렸지만
지금도 가끔 꿈을 꾼다
반짝이는 별이 되어
나에게 방긋 웃는 꿈을
잡으려다 안아 보려다
깨어보면 허무한 꿈이다

천사처럼 왔다 떠나버린
이생에 짧은 인연 아쉬워
가끔 밤하늘 쳐다보는
이 어미의 미어지는 마음을
별이 된 아가가 알까?

그리운 내 고향

대관령 정기 이어받은 나지막한
능선이 마을까지 이어졌고
옹기종기 마을 이룬 내 고향은
산 좋고 물 좋고 인심 좋은 곳

가슴이 확 트이는 양지바른 들녘
구획정리가 잘 된 농경지에선
오곡이 풍성하게 무르익어
수확의 기쁨과 행복이 피어나던 곳

유유히 흐르던 앞개울 맑은 물은
어린 시절 추억이 서려 있고
개울 둑길 따라 장관을 이루던
코스모스 꽃길은 꿈에서도
그려지는 잊지 못할 아름다운 곳

꽃잎마다 그리움 피어나는 계절이면
우리의 추억이 머무는 기억 저편
돌아갈 수 없는 코흘리개 시절
깨복쟁이 친구들과 추억 쌓던
아름다운 내 고향이 그리워진다

내 고향 내 친구들

발가벗고 퐁당대며 물놀이
하던 그 시절이 엊그제 같은데
세월의 흐름에 연륜이 쌓여
중년이 된 친구들 머리엔
어느 새 희끗희끗 서리가 내린다

오늘은 동창 모임이 있는 날
모두가 타임머신 타고
꼬맹이 시절로 되돌아간 듯
주고받는 대화가 너무 정겹다

나이가 들수록 그리워지는
내 고향 내 친구들
서로 이름을 불러줄 수 있는
친구가 있다는 게 얼마나
가슴 설레는 행복인가

우리 서로 흩어져 살아도
푸르던 날 함께 쌓은 추억을
어찌 잊을 수 있으리
돈으로 살 수 없는 것이 추억이고
언제나 그리운 곳이 내 고향인 걸

■ 시평 ■

그리움으로 채색된 아픈 사랑의 시향(詩香)

박 진 환
(시인, 문학박사)

1. 전제

"향기가 난다"는 것은 살아있음을 전제한다. 살아있다는 것은 생명력의 동적 전제들이 갈무리 되거나 정제되어 드러나는 것을 의미하기 때문이다. 따라서 향기가 난다는 것은 생명력 또는 동적 이미지의 결과라고 정의해 볼 수 있다.

향기마케팅은 판매 촉진 마케팅 방법의 하나로 우리 인간의 오감 중 향기와 관련된 후각 기관, 코, 뇌의 작용, 심리상태 등을 연구하여 소비자들의 구매형태에 적용하는 것을 말한다.

이러한 향기마케팅의 원리는 연상작용을 이용한 것인데, 향기를 통해 상황이나 장소 등을 자연스럽게 연상시켜서

이와 관련된 제품에 대한 구매 욕구를 자극하는 것이다. 제과점에서 풍겨 나오는 은은한 커피 향은 금방이라도 빵 하나를 집어 들고 픈 욕구를 자극하며 의류매장은 은은한 샤넬 향으로 고급스러운 느낌을 주고, 심지어 병원들도 향을 치료에 적극 활용하고 있는 것이 현실이다.

시에서 향기가 난다는 것은 시를 읽음으로써 시인을 떠올릴 수 있음이다 라고 말하는 것은 지나친 비약일까.

인생의 깊은 고민과 삶의 무게만큼의 정제된 언어로 경작한 후의 결실인 시에서 시인의 향기가, 시인의 삶의 향취가, 시인의 인생의 냄새가 나는 것은 당연함이다.

이러한 당연함으로 박영화 시인의 시집 "부메랑 사랑"은 아픈 사랑의 흔적조차도 그리움으로 잇대어 만남에로까지 지향해 나아가는 점에서 처연한, 그러나 익숙하나 결코 잊혀지지 않을 향기를 드러내고 있다고 할 수 있다.

이제 긴 시간을 갈무리하고 일어선 시인의 시를 따라 아픈 사랑으로부터 출발하여 그리움으로 잇대어진 만남의 시적 여정들을 쫓아가 보고자 한다. 시를 읽으면서 시작하기로 하자.

2. 그리움으로 잇대어진 아픈 사랑 그리고 만남

2-1 아픈 사랑의 향기

박영화 시인의 시집 "부메랑 사랑"은 1부에 나누어 총 90편의 시를 상재하고 있다. 박영화 시인은 시집을 통해 중년의 삶을 지나가는 추억의 길을 통해 가슴 아리게 아픈 사랑을 이야기하고 있다. 아픈 기억들, 아린 상처들은 그 자체로서가 아니라 시인의 삶의 여정을 따라 소복이 내려앉아 긴긴 시간의 갈무리들의 향기로 변화되고 있다.

얼마만큼 더 아파해야
내 마음이 안착이 될까요
이젠 잊고 싶은데
정말 잊고 싶은데

- 「이젠 잊고 싶은데」 중에서

"얼마만큼"이라고 가늠할 수 없는 (안착)의 종착점은, 안타까움을 간직한 채로 그래서 "잊고" 싶은 간절함의 향기가 되는 것이다. 간절함은 "이제"부터 그 어느 때까지의 기약 없는 절정을 향해가는 비상(飛上)이기도 하다.

내 마음을 떠나지 않는 정지된 사랑
그 사랑이 아픔으로 되살아나면
이별보다 더 아픈 그리움이 출렁인다

- 「잊을 수 없는 지난날 아픈 사랑」 중에서

그러나, 비상은 어느 순간 "정지"되어 버리고 멈춤이 되기 마련이다. 그때 "사랑"의 향기는 "아픔으로 되살아나"게 된다. 그래서 향기는 단순히 감각적인 흡입기관으로의 들여마심이 아닌 "그리움"의 충격적인 부딪침이 되기에 이른다.

석양 따라 동행하는 황혼 길에
물안개처럼 피어나는 하얀 그리움은
가슴속에 묻어 둔 영혼의 사랑이리라

- 「가슴속에 묻어둔 영혼의 사랑」 중에서

부딪침은 이내 "석양 따라" 동행을 시작한다. 그러다가 "물안개"처럼 더욱 깊어지고 깊어져 생명력으로 드러나는 "그리움"으로 다시 한 번 채색되어진 것이다. "하얀"색의 짙어짐으로 채색된 채 "묻어둔" 그러나 그토록 꿈꾸던 "영혼의 사랑"의 향기로 다시금 피어난다.

믿고 의지하기엔
너무 먼 사람이기에
얼키설키 휘어 감는
연민의 정 내려놓고
내 마음 부메랑 되어
제자리로 선회한다

- 「부메랑 사랑」 중에서

결국 "얼키설키 휘어감"긴 마음의 끈을 내려놓아도 어찌할 수 없이 "제자리로 선회"하는 "부메랑" 같은 슬픈 사람의 향기가 "내 마음" 깊은 곳에서도 넘쳐나기 시작하게 된다. 어찌할 수 없는, 막으면 막을수록 더욱 깊어지는 향기가, 오히려 마음, 손, 그리고 온 몸에 더하여 향기의 울림으로 채색되기에 이른다.

가을비가 추적추적 내리면
남루해진 원초적 그리움이
아련한 기억 저편에서 꿈틀거린다
가끔 아주 가끔
오늘처럼 사색에 잠기면
가슴 밑바닥에 깔린
곰삭은 하얀 그리움이
빗소리와 함께 가을 연가 되어
내 마음에 또 하나의

수채화를 그리지만

- 「가을비 내리는 날」 중에서

그렇다, 이제 슬픈 사랑의 향기는 "곰삭은 하얀 그리움"이 되고 "가을 연가" 되어 "내 마음에 또 하나의 수채화"를 그리기 시작한다. 향기의 비상(飛上)은 그래서 다시 시작된 것이다.

2-2 그리움으로의 잇대임

비상은 그리하여 그리움으로 다시 잇대어 진다. 그러나 그 그리움의 실체는 존재하지 않는 부재의 대상으로 이어진다.

그리워 그리워도
이 마음 전할 길 없고
못 견디게 보고파도
만날 수 없어
생각할수록 목이 메이는
이름 하나 어머니

- 「어머니(1)」 중에서

"만날 수 없"고 "전할 길 없"는 그리움의 실체는 바로 "어머니"다. 잇대음의 줄기가 "어머니"라는 사실은 "곰삭은” 향기로부터 출발한 비상(飛上)을 가능케 한다.

중년의 나이가 되어보니
그때 그 시절
아버님의 향수가 그립다

- 「아버님의 향수가 그립다」 중에서

더하여 “그때 그 시절”을 깊숙이 갈무리해 내는 “아버님의 향수”가 그리움으로 더욱 깊어질 것을 알기 때문이다. 깊어짐의 실체가 향기로 체화됨은 바로 “중년의 나이가” 됐음을 의미한다.

사시사철 변함없는
너의 푸르름은
일평생 자식 위해
헌신하신 우리 부모님의
가없는 사랑 같아라

- 「소나무」 중에서

체화된 향기의 종착(終着)은 그래서 “변함없는” 사랑이며 “푸”른 사랑인 “부모님”인 것이다. 찢기고, 부딪치고, 눌리고, 긁힌 모든 상처들이 “가없는” 지향인 것처럼 슬픈 사랑은 깊은 향기로 체화된 “그리움”으로 잇대어지게 된다.

2-3 만남, 가슴 설레는 향기

그리움으로 체화된 향기는 더 이상 아프거나, 슬프지 않은 더하여 지나간 시간에 묶여 잇지 않은 온전한 비상(飛上)을 지향하는 싱그러운 설렘이 가득한 향기가 된다.

산다는 것이 무엇인지
살아가야 할 이유가 무엇인지
삶에 지표를 잃고
내 마음 방황할 때
따사로운 햇살로 찾아온 봄은
새 생명을 움틔우는데
얼어붙은 내 마음의 봄은
언제쯤 찾아올고

- 「산다는 것이 무엇인지」 중에서

올 가을엔 쪽빛 하늘처럼 투명한
모습으로 내 마음에 투시되어
맑고 고운 음률로 화음을 맞출 수
있는 산소 향 같은 사람을 만나고 싶다

- 「올 가을엔」 중에서

"살아가야 할 이유가 무엇인지" 손 잡아주는 "내 마음의 봄"의 정원에 씨를 뿌리고 꽃이 피게 할 "사람"은 바로

"산소 향" 같은 사람이다. 너무나 자연스러워, 너무나 당연하여 느끼지 못하면서 결단코 없어서는 안 되는 "산소" 같은 그런 "향기"를 지닌 사람과의 만남이 시작된 것이다.

비우고 채우는 일을
마음대로 할 수만 있다면
이제는 내 마음의 빈자리에
예쁜 사람만 담고 싶습니다
- 「예쁜 사랑만 담고 싶습니다」 중에서

비상의 종착을 위해 "비우고 채우는 일"의 분주함이 아닌 "빈자리"로의 갈망은 "예쁜 사랑만 담고 싶은" 싱그러움이다. 또한 따스함이며 만남을 위한 동행인 것이다.

겉모습보다 마음이
아름다운 사람을 만났습니다
마음이 너무 해맑아
바라만 봐도 행복해지는
그런 사람을 만났습니다

때 묻지 않은 순박함이
여리디 여린 새싹 같아
보호해 주고 싶은 충동을
느끼게 하는 사람을 만났습니다

자신보다 나를 더욱 소중하게
생각하는 사람을 만났습니다
그래서 사랑할 수밖에 없는
다시 태어나도 사랑하고 싶은
그런 운명적인 사람을

- 「참 좋은 사람을 만났습니다」 중에서

기나 긴 비상(飛上)과 추락(墜落)을 경험하고 나서야 비로소 "아름다운 사랑"이 마음으로, 몸으로 "느껴"지는 것이다. 시침을 따라 달려간 그 자리에 중년이라는 발자국이 찍혀있을지라도, "여리디 여린 새싹 같"은 사람을 만남으로, 봄 향기 가득한 "종착(終着)"은 "다시 태어나도 사랑하고 싶은, 그런 운명적인 사랑"을 꿈꾸며 살아내는 것이다.

3. 결어

봄 향기가 가득하다. 지난 계절 느껴야 했던 모든 답답하고 탁한 것들을 순식간에 날려 버릴 만한 향기다. 박영화 시인의 시가 그러하다. 시인이 표현한 것처럼 "애써 태연한척 살아온 세월 / 세월의 흐름만큼 / 그리움의 농도가 희석될 만도 한데 / 빛바랜 추억 속 그리움 피어나면 / 청명한 가을 하늘에 내 마음을 / 뭉게구름으로 수놓고 싶다"고 한 것처럼 결코 희석되지 않을 청명한 향기다. 더욱 진해지고 짙어지면 지워지지 않을 결코 숨길 수 없는 그래서 더욱 깊은 향으로 드러남의 소의가 이러하다.

박영화 시인의 시의 향기가 세상에 가득 채워졌으면 하는 바람과 함께 그런 신뢰에 "값"할 것으로 믿는다.

부메랑 사랑

인쇄 2015년 3월 5일
발행 2015년 3월 14일

지은이 / 박 영 화

펴낸이 / 김 창 석
펴낸곳 / 홍익출판사

주소 / 대구시 중구 명륜로23길 38-4
전화 / 053) 421-6700, 427-3627
팩스 / 053) 423-5965
등록번호 / 1987년 11월 26일 제1-107호
E-mail / hongick88@hanmail.net

정가 10,000원

ISBN 978-89-7826-267-5 03800

• 잘못 만들어진 책은 교환해 드립니다.

이 도서의 국립중앙도서관 출판시도서목록(CIP)은 서지정보유통지원시스템 홈페이지(http://seoji.nl.go.kr)와 국가자료공동목록시스템(http://www.nl.go.kr/kolisnet)에서 이용하실 수 있습니다.
(CIP제어번호 : CIP2015007501)